Premessa

Introdurre un testo controcorrente con un titolo del genere si presenta indubbiamente come un'impresa ardua nella quale, non senza difficolta, mi vorrei cimentare.

Essere una voce fuori dal coro in un mondo ormai massificato e ricco di greggi che seguono un pastore comune è, senza alcun dubbio, decisamente difficile.

Nel testo che andrete a leggere effettuerò una disamina della realtà contemporanea in ambito economico e ambientale, vi esporrò i dati la cui conoscenza si presenta come fondamentale per poter affrontare in modo cosciente la diatriba sulla sostenibilità. L'obiettivo, forse troppo ambizioso, che mi pongo è proprio quello di aprire gli occhi di voi lettori su quella che è una verità empirica, nascosta dal pensiero comune dominante.

Vi lascio ora alla lettura del testo che, sfortunatamente per voi, si presenterà in alcuni passaggi come noioso e prettamente nozionistico, una noia breve però, data la lunghezza di quanto segue.

Si consiglia vivamente di visionare il glossario al termine dello scritto nel caso in cui la conoscenza del significato dei termini susseguiti da "[N]" dovesse essere non presente nel lettore.

Le "colpe" e il paradosso del pensiero dominante

In questo mondo occidentale è ormai dominante il pensiero della sostenibilità e dell'economia circolare.

Le masse, e in particolare i giovani, chiedono sempre a voce più alta di seguire una linea più sostenibile nella crescita o, addirittura, di seguire quella teoria di Serge Latouche[1] che conosciamo come "decrescita felice"; una richiesta che, se venisse esaudita, porterebbe probabilmente a un collasso economico-sociale senza pari nella storia ma, inoltre, bloccherebbe uno degli elementi che più aiuta lo sviluppo della sostenibilità ambientale, la ricerca scientifica.

La ricerca, qualsiasi sia l'ambito di studio, deve far fronte a notevoli costi; in una realtà in decrescita controllata si deve puntare al minimalismo economico, ridurre gli sprechi e la disponibilità liquida, è proprio la totale o parziale assenza di quest'ultima che porterebbe all'impossibilità di generare un progresso tecnologico, forse essenziale per la salvaguarda climatica e ambientale.

Altro gigantesco paradosso della coscienza del XXI secolo è quello del manifestare senza proporre: i ragazzi del "Fridays for future", e la loro paladina svedese, non fanno altro che lamentarsi senza realmente proporre soluzioni funzionali al raggiungimento del loro fine, qualcuno potrebbe fare, come a me è già stato fatto, un paragone con i giovani del '68 che, nel loro gridare nelle piazze, non proponevano apparenti soluzioni alle problematiche tanto odiate; lo ritengo forzato e decisamente fuori luogo.

Le manifestazioni ambientali sono forse ancor più sentite nel nostro Bel Paese proprio perché, insieme alla Germania, siamo la nazione con la più grande partecipazione studentesca attiva alla lotta della ragazzina dalla mantellina. E' proprio questo il punto in cui inizierò a parlare di dati, dati che dimostreranno il paradosso della lamentela e di questo pensiero ambientalista ipocrita.

Lo sviluppo e la crescita economica hanno il fisiologico "difetto", se così si può definire, di portare con loro un drastico ingigantimento dell'impronta carbonica. Nel corso degli ultimi anni lo sviluppo nei paesi occidentali ha subito una brusca frenata, ed insieme ad essa si è visto anche un rallentamento della crescita delle emissioni di CO_2, metano, NO_x[2] e altre sostanze inquinanti.

Secondo il prospetto "Fossil CO2 emissions of all world countries", rilasciato nel corso del 2018 dalla Commissione Europea, sono stati molti i paesi industrializzati che stavano impattando di meno sull'ambiente rispetto a 17 anni prima (i dati sono riferiti infatti al 2017 e effettuano un confronto con il 1990).

Nel 1990 l'Italia (insieme a San Marino e alla Santa Sede) ha emesso 430.762.000 tonnellate di anidride carbonica, nel 2017 "solo" 361.176.000 vedendo una decrescita complessiva del 16,5%, distribuita nel modo seguente:

- Riduzione del 10% delle emissioni per la produzione energetica
- Riduzione del 47% delle emissioni generate dall'attività di combustione per produzione industriale
- Riduzione del 4% delle emissioni generate dall'attività edilizia
- Aumento del 10% delle emissioni derivanti da mezzi di trasporto
- Riduzione del 45% delle emissioni derivanti da altri settori.

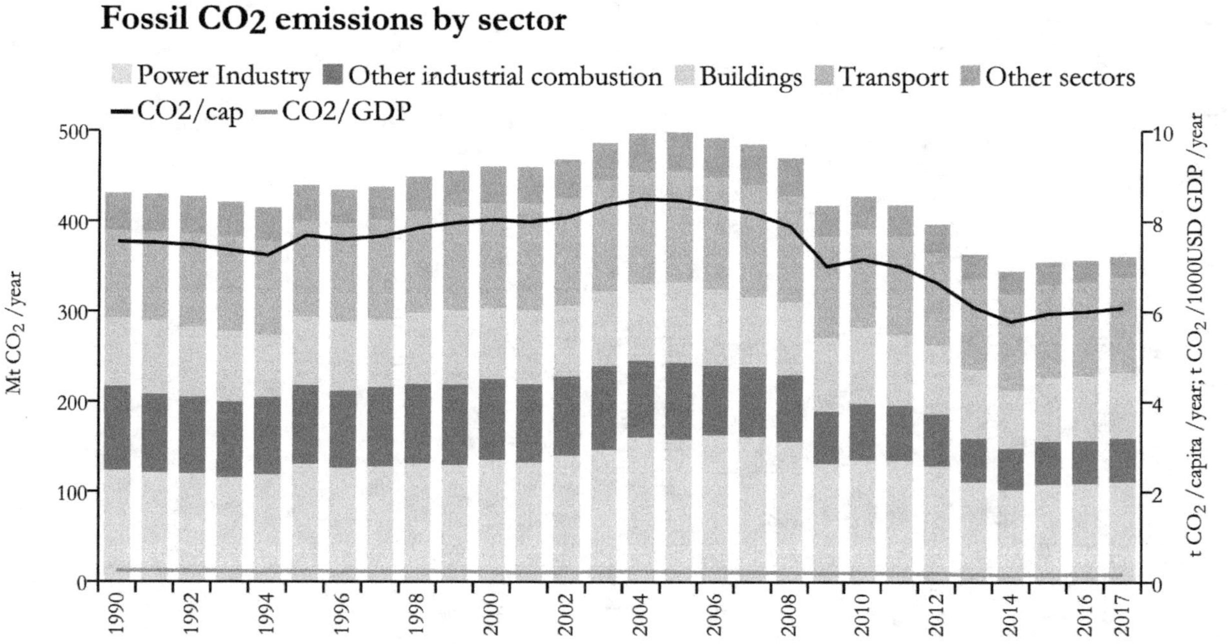

Una realtà che si presenta quindi decisamente positiva per un paese benestante come il nostro.

Parlando nello specifico della produzione e del consumo energetico (che rappresenta a livello globale un quarto dell'impronta carbonica) possiamo dire che la richiesta di corrente, secondo i più recenti dati dell'ISPRA, nel 1990 è stata di 218,8 TWh[3], salita fino ai 300,7 TWh del 2017.

Effettuando un'analisi oculata delle informazioni precedentemente fornite possiamo osservare che, a fronte di una riduzione delle emissioni del 10% per produzione energetica, vi è stato un incremento del 37,4% della domanda di elettricità. Si può quindi dedurre che vi sia stata una ancor più forte riduzione dell'impronta carbonica per TWh prodotto; effettuando delle semplici equazioni possiamo dire che le emissioni per TWh siano inferiori del 34,6% nel 2017 rispetto a quelle del 1990. Dati abbastanza simili spettano a tutti i paesi altamente industrializzati che hanno, nel più dei casi, ridotto le loro emissioni a fronte di maggiore ricchezza prodotta e addirittura ad un aumento, seppur lieve, della popolazione.

L'Italia fra le due date precedentemente prese in considerazione è passata da circa 56,7 milioni di abitanti a

60,6 milioni, un aumento del 6,9% circa (fonte Eurostat), a fronte di un PIL passato dai 1.177 miliardi di USD del 1990 ai 1.935 del 2017, una crescita del 64,4% (fonte Banca Mondiale).

In quasi nessun paese al mondo vi è stata una decrescita delle emissioni di CO_2 per ciò che concerne il trasporto, la colpa andrebbe fatta ricadere sull'aumento generale del numero di autoveicoli ogni mille abitanti oltre che alla nascita delle compagnie aeree low cost, ricordandosi però che l'aumento della ricchezza fa sorgere anche nuovi bisogni di turismo o svago, aumentando quindi il desiderio di muoversi e innalzando quindi drasticamente la domanda di trasporto. Va anche sottolineato che la crescente domanda da parte dei consumatori di crociere è stato un elemento fondamentale della crescita delle emissioni in ambito di trasporto, le navi di grossa portata hanno elevatissimi consumi di carburanti che, nel più dei casi, non sono raffinati e sono estremamente inquinanti (vedasi nafta pesante).

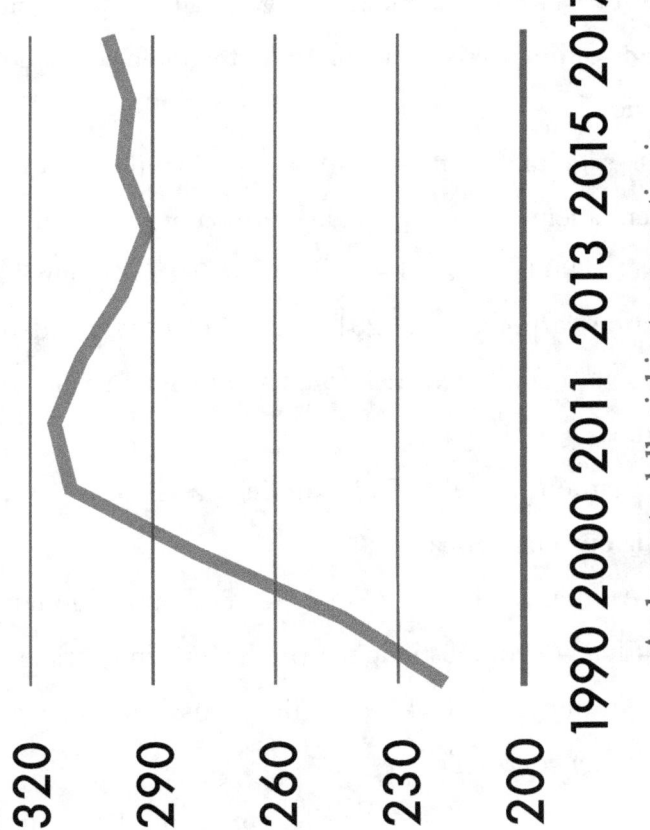

Andamento della richiesta energetica in Italia, espressa in TWh

La grande crescita delle emissioni andrebbe però cercata in
altre realtà: Cina, India e in generale in tutti i paesi che negli ultimi trent'anni hanno visto un forte sviluppo economico.

Di seguito effettuerò un' analisi identica a quella precedentemente fatta per l'Italia, però basata sulla Cina.

Nel 1990 la Cina ha emesso 2.397.048.000 tonnellate di anidride carbonica, nel 2017 10.877.218.000 vedendo una crescita complessiva del 353,8%, distribuita nel modo che segue:

- Aumento del 594% delle emissioni per la produzione energetica
- Aumento del 277% delle emissioni generate dall'attività di combustione per produzione industriale
- Aumento del 42% delle emissioni generate dall'attività edilizia
- Aumento del 689% delle emissioni derivanti da mezzi di trasporto
- Aumento del 447% delle emissioni derivanti da altri settori

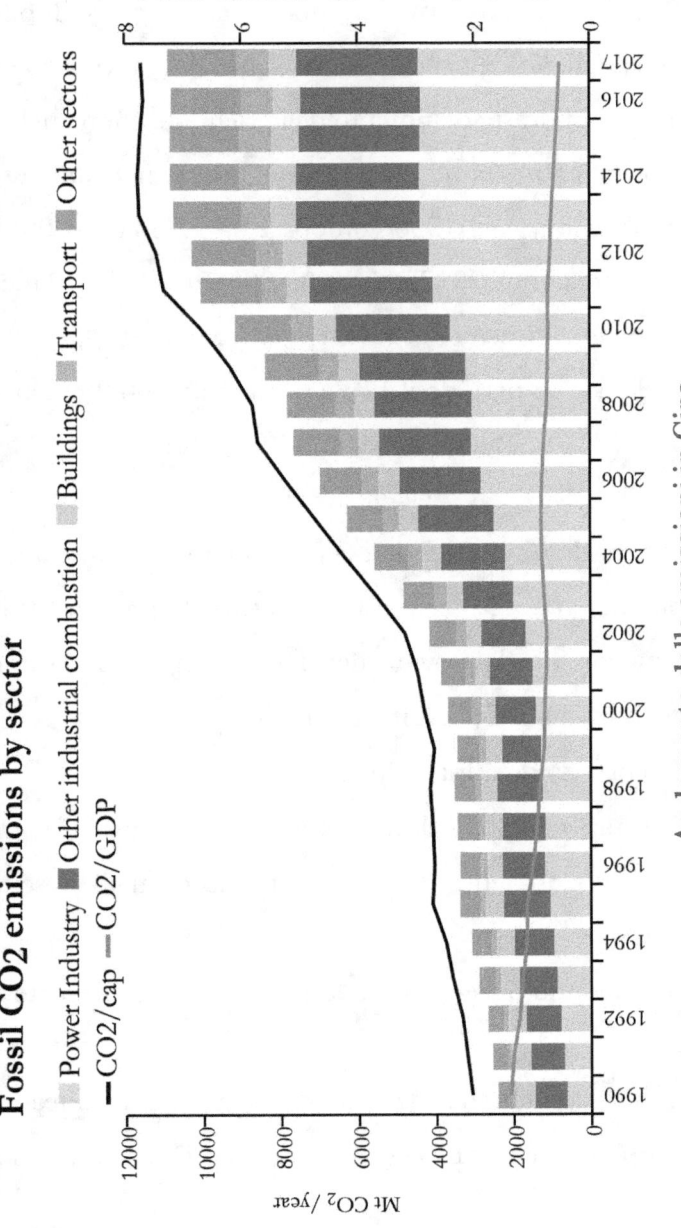

Ciò è dovuto principalmente al forte sviluppo economico che ha portato alla nascita di nuovi bisogni interni e ad un drastico aumento delle richieste energetiche.

L'altra causa la si può trovare anche nell'aumento della popolazione, nel 1990 composta da 1.135.000.000 di individui circa, nel 2017 da 1.386.000.000 (fonte Banca Mondiale), una crescita del 22,1%.

Nello stesso periodo il PIL è passato da 360,9 miliardi di USD a 12.240, una crescita del **3.291,5%!!!**

Dalla disamina dei dati precedentemente illustrati si può dedurre che la colpa del drastico aumento delle emissioni non sia da trovare nei paesi ricchi, almeno non direttamente, ma nei paesi in via di sviluppo.

E' corretto definirla colpa?

Gli stati sviluppati devono impegnarsi a sensibilizzare i paesi meno abbienti per far puntar loro sulla crescita sostenibile?

Io rispondo ad entrambe le domande con un forte e tuonante no.

Il mondo non occidentale sta seguendo la linea di sviluppo perseguita dall'occidente durante il secolo scorso.

Imporre la sostenibilità alle nazioni in forte crescita è ridicolo, ipocrita e spudorato.

I maestri dell'insostenibilità insegnano la sostenibilità agli studenti insostenibili, mi scuso per il gioco di parole ma credo rappresenti alla perfezione il concetto.

Ma tornando al pensiero dominante, quello dei ragazzi moderni di cui in teoria dovrei far parte anche io, il paradosso sta nel dare la colpa all'occidente, ai potenti, ai politici quando in realtà la colpa è solo della popolazione stessa. Cambiamo tutto molto più frequentemente di prima, dallo smartphone al cappotto, dal computer all'auto; viaggiamo di più, vogliamo di più, consumiamo di più e soprattuto vogliamo tutto, subito e a basso costo, e il basso costo si ottiene solo in un modo: producendo nei paesi sottosviluppati dove la tutela ambientale è inferiore, insieme ai costi, sia di manodopera sia derivanti dalla pressione fiscale.

Danno la colpa a chi la colpa non la ha. Lasciate il tempo a tutti di svilupparsi o consumate nel vostro singolo in modo più consapevole.

Il paradosso si riscontra ancora maggiormente quando si denotano quegli individui che chiedono sostenibilità che, a seguito di un prezzo maggiorato per un prodotto sostenibile ambientalmente, si rifiutano di acquistarlo per evitare l'esborso forse eccessivo di denaro.

Si sta perdendo sempre di più il concetto dell'importanza della dignità umana, l'ambientalismo che tanto è sfociato nelle piazze nel corso degli ultimi anni ha completamente spostato le attenzioni verso questa tematica tralasciandone, sfortunatamente, altre di vitale importanza per la sostenibilità umana: i diritti dell'uomo e del bambino. Mentre la piccola svedese grida ai "potenti" dell'ONU "mi avete rubato l'infanzia", come se fosse singolarmente colpa loro delle condizioni macroeconomiche e delle politiche presenti nel secondo mondo, ci sono bambini che lavorano per produrre gli abiti e gli accessori che i suoi "adepti" indossano continuamente, seguendo un pensiero fortemente consumistico, capitalistico e antiambientalistico.

La produzione artigianale e locale è quella che garantisce il minore impatto in ambito tessile, la soluzione sarebbe vestirci tutti con abiti Loro Piana[4].

Questo grido forte lanciato dalla giovane manifestante chiede maggior impegno e palesa al mondo la negligenza dei governanti, ma l'impegno in tematiche di economia sostenibile dell'occidente è ormai da anni ben presente, chiedere di più al sistema economico potrebbe portare al suo collasso.

Nel 1990 l'Italia non produceva neanche un kWh di corrente per mezzo di impianti eolici o fotovoltaici, ciò fino al 2000, anno in cui questa fonte di produzione energetica prese piede nel nostro paese fino a crescere notevolmente, passando dai 0,6 TWh del 2000 ai 42,9 del 2017, un ammontare circa 71 volte più alto. Nel primo anno di riferimento il fotovoltaico e l'eolico rappresentavano circa lo 0,22% del totale della produzione, nel 2017 il 14,5%.

Negli stessi anni la produzione per fonte idroelettrica è aumentata del 14,8% e la geotermica del 93,7%. Nel 2017 circa il 30,2% del totale della produzione energetica proveniva da fonti rinnovabili, nel 1990 questo dato era fermo al 17,7%.

Un impegno c'è stato, e anche forte.

Devo però ricordare che l'impatto ambientale non si limita solo alla CO_2 emessa, va ben oltre. L'installazione di centrali fotovoltaiche ed eoliche usurpa delle distese di terra enormi, sono davvero ambientalmente sostenibili?

Il falso sostenibile e l'insostenibile sostenibile

Nel corso degli ultimi anni sono nati dei beni che si presentano come "green", a basso o nullo impatto ambientale; lo sono veramente?

Il caso più eclatante è quello dell'automobile elettrica che, almeno sul piano teorico, non dovrebbe emettere nulla. Con l'utilizzo di questa tipologia di autoveicoli semplicemente si sposta l'emissione da valle a monte, l'elettricità per essere prodotta richiede emissioni di CO_2 ed altri elementi, quindi l'auto non sarà quasi mai a impatto zero, di sicuro non nel processo produttivo.

La produzione ed il successivo smaltimento delle batterie agli ioni di litio delle autovetture porta ad un grandissimo impatto ambientale.

A sostegno della mia tesi, vale a dire che siano delle soluzioni fintamente sostenibili, porterò dei dati ben evidenti.

In Italia per la produzione di ogni singolo kWh sono stati emessi, nel 2017, in media 465 grammi di CO_2, un'autovettura elettrica in autostrada percorre circa quattro chilometri con un kWh, quindi possiamo dedurre che abbia un impatto di approssimativamente 116 grammi di CO_2 per chilometro, decisamente vicini a quelle di automobili alimentate a idrocarburi tradizionali.

Il discorso sarebbe completamente stravolto se ci fosse una produzione energetica completamente rinnovabile e a impatto zero, cosa che però non sussiste.

Al lettore potrebbe dunque sorgere una domanda spontanea: perché non investire in fonti rinnovabili?

La risposta è, come già è stato detto, che si è fatto molto; andare oltre potrebbe essere rischioso per il sistema economico stesso, l'elettricità "green" è particolarmente costosa, una totale conversione al fotovoltaico o all'eolico comporterebbe un naturale aumento del costo finale dell'energia elettrica causando un forte malcontento generale.

L'aumento del parco elettrico circolante comporterà nel corso degli anni ad ulteriori problemi: aumento delle richieste energetiche, aumento del prezzo della corrente, necessità di investire in infrastrutture, ulteriore rincaro, spostamento del carico fiscale sui carburanti verso l'elettricità, ulteriore rincaro. Nella breve analisi che avete appena letto avrete notato la persistenza del rincaro, cosa del tutto naturale seppur poco gradevole.

Definirei quindi questa sostenibilità come una dolce, ma costosa, utopia.

Rimanendo sempre fermi al discorso dei trasporti non mi posso trattenere dall'esporre i dati sulle emissioni pro capite per chilometro percorso per mezzo utilizzato.

Quest'ultima informazione si presenta, a parer mio, come essenziale per poter avere una visione obiettiva dell'inquinamento reale di ogni mezzo da noi utilizzato.

Il treno non è assolutamente ad impatto zero, almeno non lo sarà finché la corrente elettrica non sarà interamente prodotta con fonti rinnovabili, e le sue emissioni per passeggero dipendono drasticamente dal numero di questi presenti sul mezzo, come per qualsiasi altra forma di trasporto. Le emissioni di CO_2 sono nel più dei casi identiche o simili sia che il veicolo sia a pieno carico sia che vi sia un solo individuo a bordo, quindi se un'autovettura familiare media emette 100 grammi di CO_2 per chilometro, l'emissione pro capite sarà di 100 g/Km se sul mezzo ci dovesse essere un solo individuo, ma di appena 20 g/Km se dovessero esservi cinque soggetti a bordo.

Secondo il fisico inglese David JC MacKay un treno ad alta velocità, che viaggia però a pieno carico, consuma in media 3 kWh per chilometro ogni cento passeggeri; calcolando quindi parliamo di circa 14 grammi di CO_2 per chilometro per ogni singolo passeggero, ammesso però che lo stesso treno sia completamente saturo. Questa analisi lascia un po' il tempo che trova visto che si limita esclusivamente ai moderni mezzi AV[5], e non ai ben più comuni suburbani o regionali; ipotizzando però di applicare la stessa stima anche agli altri mezzi potremmo dire che un convoglio avente 500 posti a sedere dovrebbe avere un consumo chilometrico di circa 15 kWh, nel caso in cui il mezzo fosse occupato solo per il 20% della capacità massima (come spesso accade) le emissioni pro capite sarebbero di circa 70 grammi di CO_2 per chilometro, un dato peggiore rispetto a quello che si potrebbe ottenere con un autoveicolo medio con due passeggeri a bordo.

In definitiva è estremamente difficile definire la sostenibilità di un mezzo di trasporto proprio a causa della presenza di innumerevoli variabili, sia esse macroscopiche che microscopiche.

Ampliando il discorso a ciò che viene visto dalla massa come insostenibile, non posso non presentare i dati inerenti all'impronta carbonica media dei veicoli con motorizzazione diesel, confrontandola poi con quelli a benzina o elettriche.

Un autoveicolo diesel se mantenuto in condizioni ottimali è strettamente meno emittente di un'altro assimilabile con propulsione a idrocarburo benzina; la lotta contro il gasolio è inspiegabile e ridicola.

Innumerevoli case automobilistiche si sono viste costrette ad assecondare la mancanza di conoscenza della popolazione, riducendo drasticamente la produzione di veicoli a gasolio per favorire quella di mezzi ad alimentazione alternativa.

La Porsche Macan 3.0 V6 Diesel erogava una potenza massima di 250 cavalli vapore e garantiva emissioni per 164 grammi di CO_2 per chilometro, la nuova versione della medesima vettura ha visto il precedente motore sostituitosi con un 2.0 a 4 cilindri benzina, esso esprime 245 cavalli vapore di potenza a fronte di 185 grammi di CO_2 per chilometro.

Le emissioni sono superiori del 12,8% nella versione a benzina a fronte di una potenza inferiore del 2% e di una cilindrata pari ai due terzi di quella a gasolio.

Questo discorso vale per qualsiasi veicolo, non solo per le vetture di lusso o di grandi dimensioni. Ci sono casi eclatanti in cui la differenza di emissioni chilometriche è ancor più marcata.

Certo andrebbe detto che il diesel è più inquinante per ciò che concerne le emissioni di altri microparticolati (vedasi PM10[6] e PM2.5[7]), ma nel più dei casi non favoriscono l'innalzamento delle temperature, bensì aumentano leggermente la condizione definita comunemente come "smog".

Raggiungendo il secondo punto del titolo di questo paragrafo, "l'insostenibile sostenibile", mi sento in dovere di tornare sulla questione della produzione energetica e palesare un fatto che ai più potrebbe sembrare sconcertante.

La fonte di energia che genera il minor quantitativo di CO_2 per kWh prodotto non è né il fotovoltaico né l'eolico, tantomeno l'idroelettrico.

Nucleare.

Le emissioni derivanti dalla produzione di energia per fonte nucleare, o atomica che dir si voglia, sono quasi pari a zero, almeno che non si consideri il vapore acqueo come elemento inquinante a livello atmosferico.

Considerando l'impronta carbonica derivante dall'edificazione della centrale, del suo funzionamento generale e della sua dismissione possiamo addirittura arrivare a dire che le emissioni siano inferiori rispetto al fotovoltaico.

Certo il suo più grande contro si trova in un'altra forma di inquinamento che è quello ambientale, non atmosferico quindi.

Nel 2018 il MIT (Massachusetts Institute of Technology) ha definito il nucleare come indispensabile per abbattere le emissioni di CO_2.

I grossi rischi che storicamente sono derivati da questa attività sono nati a seguito di una cattiva gestione degli impianti, conducendo scellerati esperimenti con budget insufficiente (Chernobyl) o edificando le centrali in zone inadatte e fortemente sismiche (Fukushima).

Se si riuscissero a mantenere in sicurezza gli impianti garantendo degli alti regimi produttivi l'impatto carbonico sarebbe ridicolo e quasi nullo e, solo a questo punto, si potrebbe pensare di passare all'elettrico in ambito automobilistico, oltre a incentivare l'utilizzo di impianti di riscaldamento, raffrescamento e condizionamento basati sulla corrente.

Una produzione adeguata potrebbe garantire anche una riduzione dei costi per unità portando anche alla riduzione del prezzo della materia energetica o, nel caso peggiore, ad un mantenimento costante del prezzo, secondo i ritmi inflazionistici.

Un altro enorme paradosso derivante dall'ignoranza è indubbiamente quello del divieto di circolazione di veicoli relativamente datati in contesti urbani.

Nel comune di Milano (al 2020) tutte le vetture diesel fino ad euro 4, quindi immatricolate fino al 31/12/2008, non possono transitare.

Girando per le vie centrali di Milano è però possibile ammirare degli stupendi bolidi dei più blasonati brand della sportività automobilistica caratterizzati da motori prestanti, e di notevole cilindrata, e soprattuto elevatissime emissioni.

Le auto però sono nuove e hanno tutti i diritti per circolare.

Il povero pensionato con la sua Panda diesel del 2008 non potrà più entrare in area B (praticamente tutto il comune), perché si presume che la sua utilitaria possa danneggiare l'ambiente milanese, con il suo "possente" 1.3 da 75 cavalli vapore che emetterebbe la bellezza di 109 grammi di CO_2 per chilometro. Nel frattempo il borghese di via Montenapoleone con la sua Aventador rilascia 394 grammi di anidride carbonica ogni mille metri percorsi.

Un limite paradossale e ridicolo.

Questo vale anche per la maggior parte delle città europee e concede la possibilità di denotare il punto di vista della popolazione e della politica, vale a dire di trovare il "male dell'umanità" nel settore automobilistico.

Una politica ambientale sensata dovrebbe incentrare i propri investimenti lì dove serve, migliorando l'efficienza energetica degli edifici pubblici, che ad oggi sono spesse volte riscaldati a nafta, incentivando gli imprenditori ad adottare soluzioni sostenibili per la produzione e in particolare l'allevamento di bestiame, ma soprattutto per modellare le menti con l'obiettivo di creare una coscienza globalizzata sensibilizzata.

Ognuno di noi deve fare scelte difficili per il bene dell'ambiente, ridurre gli sprechi, gli sfizi e la mobilità; questo almeno sul piano teorico poiché tutto ciò non farebbe bene all'economia in generale.

La drastica riduzione dei consumi porterebbe indubbiamente ad una discesa netta della domanda di lavoro, che ricordo a chi non lo sapesse che non parte dai lavoratori ma dalle imprese, portando a danni economici inenarrabili e insostenibili.

Per mantenere il numero di lavoratori costante nel tempo sarebbe necessaria una riduzione delle remunerazioni, cosa che potrebbe perfettamente combaciare con la richiesta di riduzione del superfluo, se questo non dovesse essere più fondamentale anche l'eccesso di ricchezza non lo sarebbe portando quindi ad un adeguamento dei salari e degli stipendi.

Concetto che nella sua dialettica si presenta come decisamente utopico.

La sensibilizzazione delle menti comporta quindi evidentemente un grave rischio che consiste nella possibilità di perdere posti di lavoro.

Per abbattere drasticamente le emissioni si dovrebbero vietare gli allevamenti intensivi di bestiame, portando quindi a costi maggiori per la produzione e di conseguenza un listino più alto nel B2C[8], oltre che ad un netto calo della produzione in generale e a sua volta del numero di dipendenti attivi nel ramo.

Se da un lato una scelta simile aiuterebbe drasticamente il nostro pianeta dall'altra distruggerebbe interi sistemi economici portando le relazioni al collasso.

Si parla poi di puntare al mondo senza plastica, un mondo possibile e che sarà realtà indubbiamente; bisogna però ricordare che la plastica è si un materiale riciclabile ma non rinnovabile. Il corretto smaltimento di un qualsiasi oggetto plastico può portare a fargli avere una nuova vita, entro un determinato numero di volte.

Il riciclaggio non è privo di difetti.

Il riciclato è tendenzialmente più flessibile di una materia vergine, dalla bottiglia al computer in alluminio.

La plastica è definita riciclabile non rinnovabile poiché è possibile riutilizzare la materia ma la creazione di base vergine non può essere infinita, ciò a causa della quantità limitata di petrolio presente a livello globale.

La carta è definita riciclabile rinnovabile poiché, almeno sul piano teorico, posso piantare un numero illimitato di alberi per produrre cellulosa, essenziale per la produzione di carta e cartone.

Il mercato della cellulosa e della carta da macero è uno dei più interessanti, ciò perché ha subito storicamente delle grosse flessioni a causa di scelte di natura politica economica locale. Nell'agosto del 2017 la Cina, maggior importatore al mondo di carta da macero, ha deciso di spostare la produzione sulla materia vergine, acquistando quindi ingenti quantità di cellulosa.

La situazione del mercato ha creato un rapporto inversamente proporzionale fra l'andamento del prezzo della carta da macero e della cellulosa, il primo in forte calo e il secondo in forte crescita.

Una scelta politica del genere può cambiare l'assetto sostenibile di ogni impresa del settore. Avendo un costo drasticamente inferiore per la materia riciclabile sarò più interessato, io imprenditore, ad acquistarlo rispetto al produrre materia vergine che, invece, costerebbe molto di più.

Nessuna impresa (governata da "sani di mente") sceglierebbe di essere sostenibile, se non per un tornaconto economico.

Quando l'economia circolare sostenibile sarà redditizia potrà essere base di ogni business, come lo è oggi per imprese leader del settore della produzione di laminato di cartone, ad esempio l'italiana Reno De Medici.

La "colpa" dell'occidente e quella del mondo stesso

Un titolo come quello appena visto potrebbe spiazzare il lettore, dato quanto scritto in precedenza.

Una delle cause scatenanti di questo enorme aumento delle emissioni nel secondo mondo è indubbiamente di natura politica. Ruolo fondamentale in questa ulteriore globalizzazione dei mercati lo ha avuto il crollo del blocco comunista. L'accrescimento del potere cinese, e conseguentemente anche delle emissioni derivanti dalla loro gigantesca produzione industriale, è causa di scelte economiche degli statunitensi.

Nel momento in cui i cinesi hanno aperto il loro mercato al mondo è iniziata nuovamente l'era dell'inquinamento.

Da una parte gli americani hanno visto la Cina come un'opportunità enorme per poter creare business a basso costo, dall'altra i cinesi hanno visto negli USA la possibilità di crescere a dismisura, portando ricchezza ma, soprattutto, dollari.

Il dollaro è, a partire dagli accordi di Bretton Woods[9] del 1944, la valuta dominante su questo pianeta; chi ha tanti dollari detiene un potere smisurato.

A fine anni '80 i possessori di "verdoni" erano solo gli stessi statunitensi e i petrolieri, quest'ultimi poiché la loro materia di vendita si acquistava, e si acquista tuttora nella maggior parte dei casi, con la valuta di Washington.

Gli investimenti americani hanno inserito liquidità nella splendida Cina, non tanto nelle casse dei privati quanto in quelle della banca centrale cinese che si è occupata di convertire il dollaro americano in Renminbi[10].

La crescete disponibilità di questa valuta nelle casse di Pechino ha messo la nazione asiatica sempre più in una posizione dominante sul resto del mondo.

Attualmente la stragrande maggioranza della produzione di beni di consumo avviene in Cina, dove le tutele ambientali sono quasi nulle o assenti; tutto ciò segue perfettamente le premesse fatte dal governo post blocco sovietico, vale a dire puntare dapprima sulla crescita e sullo sviluppo economico e, solo in un secondo momento, alla tutela ambientale.

Quel secondo momento non è oggi.

Arriverà, sì indubbiamente, e quando avverrà quel paese sarà ancor più ricco di ora e la produzione si sarà spostata verso una nuova miniera d'oro, fino a quando le miniere non finiranno.

Gli standard stanno salendo anche in quelle realtà e con essi anche i livelli retributivi, ciò comporta, e comporterà nel corso degli anni, a un aumento del costo della manodopera e a un disinteresse verso la produzione di massa.

Quando tale momento sarà realtà i bisogni globali saranno ben diversi dagli attuali, gli standard più alti della Cina porteranno i suoi abitanti a richiedere maggiore qualità nei prodotti, standard più elevati, si svilupperà ulteriormente il mercato del superfluo.

Considerando che il fine primario di ogni azienda di produzione è la generazione delle remunerazioni, le stesse non potranno far altro che essere attratte dalla realtà dove si ha il costo inferiore per la produzione, ciò almeno fino al momento in cui il fattore critico di successo[11] per quella tipologia di prodotto si caratterizzi dalla presenza di un costo basso, e ciò avviene per quasi ogni bene di consumo.

Molte volte l'interesse a produrre in Cina non è esclusivamente volto alla creazione di un lucro ancor maggiore; la capacità tecniche degli asiatici sono superiori a quelle di molti occidentali ormai, in alcune occasioni tali competenze sono uniche e non replicabili e quindi l'impresa si vede costretta a produrre lì.

La situazione ambientale attuale è figlia del consumismo moderno, delle scelte delle masse e dell'imprenditoria del basso costo.

Sentiamoci colpevoli del mondo che ci ritroviamo, lo siamo tuttora, lo sono io che sto scrivendo questo testo su di un computer sviluppato da una parte del mondo, assemblato al lato opposto del pianeta, i cui componenti però provengono da molte e diverse parti del resto del globo, e tutto ciò per favorire una necessità del superfluo, una smania forse di egocentrismo.

Queste mie parole dure potrebbero però essere automaticamente demolite poiché siamo modellati dalla società, dalle mode, dai bisogni indotti e dal consumo indotto.

E' la società stessa che spinge con una mano invisibile, alla Adam Smith, ogni individuo al consumo sfrenato, allo sperpero di danaro verso la crescita illimitata della nostra florida economia occidentale.

La colpa più grande spetta ad ogni individuo, e nasce dall'egoismo del dare la vita. L'istituzione famigliare è in tutto il mondo identica, si caratterizza per la presenza di più figli. La riduzione del tasso di fertilità è un dato estremamente positivo per l'ambiente, è l'essere umano, come qualsiasi altro essere vivente, che esistendo emette anidride carbonica. L'uomo crea però della prole con dei bisogni, bisogni utili e futili ma che in qualsiasi caso vanno soddisfatti; per fare ciò si innesca un infinito sistema basato sulla produzione.

Siamo troppi.

Se la popolazione fosse rimasta invariata rispetto a quella di alcuni decenni fa le attuali emissioni complessive sarebbero inferiori rispetto al passato, ammesso che lo sviluppo tecnologico avesse mantenuto gli stessi standard garantendo un'identica riduzione di emissioni pro capite.

Analizzando la densità dei gas emessi respirando possiamo affermare che si emettono circa 36,84 mg di CO_2 per inspirazione, considerando una media di 70 flussi al minuto parliamo di circa 2,6 grammi di CO_2 al minuto, 3,7 Kg al giorno; dato che potrebbe fortemente crescere in caso di attività sportiva.

Solo respirando un individuo medio emette 1.350 Kg di CO_2 in un anno, lo stesso ammontare che emette un'autovettura media percorrendo oltre 13.000 Km.

La riduzione della popolazione comporterebbe quindi enormi benefici per l'ambiente ed in generale per l'intero sistema economico. In una realtà meno popolata le risorse medie pro capiti sarebbero superiori e quindi si potrebbe arrivare addirittura a una riduzione dei prezzi finali.

Questo trend è seguito ormai da tutte le nazioni occidentali, ma non è simile la situazione nei paesi sottosviluppati, in particolare in Africa.

Qui sorge un problema culturale di fondo, la mancanza delle cure essenziali incentiva le famiglie africane a procreare ulteriormente, procreazione ancora più comune data la scarsa diffusione dei contraccettivi.

Il "Continente Nero" non pensa di sicuro all'ambiente, le vie delle zone rurali sono discariche a cielo aperto e la sostenibilità non è pensiero forte nelle menti.

Per favorire una crescita sensibile è essenziale che queste economie si arricchiscano per potersi concedere investimenti in ambito ambientale.

Gli interessi di varia natura che l'occidente ha nei confronti del mantenimento delle condizioni esecrabili dell'economia africana sono la causa del loro mancato sviluppo; finché essi continueranno ad esistere non raggiungeranno mai il benessere tipico del primo mondo.

In definitiva potremmo trovare la soluzione al problema dell'ambiente nel rivoluzionare completamente i nostri bisogni, le nostre necessità ed il nostro intero sistema di pensiero.

Una rivoluzione sociale è alla base dell'innovazione, innovazione che può portare alla creazione di un mondo migliore e duraturo, a differenza di quello attuale che, a causa della struttura lineare della produzione, non concede di giungere a un sistema che possa tutelare il nostro Pianeta.

Cambiamo i nostri usi, le nostre abitudini, le nostre consuetudini e forse così si potrà seguire una direzione diversa e salvare questo Mondo.

Non si vuole creare una dialettica vuota caratterizzata da parole lanciate al vento ma, invece, si punta a sensibilizzare la popolazione per poter avere coscienza e autocoscienza e disporre così dei mezzi adeguati per comprendere appieno la tematica.

L'uomo è per sua natura autolesionista attraverso il suo incredibile egocentrismo che lo porta a prediligere scelte più semplici ma meno salutari, per lui e per l'ambiente.

Mettete le vostre mani suoi portafogli, spendete per le imprese sostenibili, dimostrate di avere interesse per questa causa e il mercato e le politiche si adegueranno di conseguenza; siate fautori del vostro destino facendo scelte concrete e non astratte.

Siate il futuro che cercate.

Bibliografia
&
Glossario

Buona parte dei dati raccolti ed esposti al lettore provengono da due documenti:

- Fossil CO2 emissions of all world countries - 2018 Report
- Fattori di emissione atmosferica di gas a effetto serra e altri gas nel settore elettrico - Rapporto ISPRA 280/2018

Le informazioni in merito alle emissioni degli autoveicoli Porsche provengono dalle schede tecniche ufficiali rilasciate dalla casa madre.

Alcuni dati provengono dalla rielaborazione di quelli presenti nei primi due documenti citati, sono stimati dall'autore partendo da solide basi.

Data la presenza di innumerevoli termini tecnici usati è obbligatorio fornire le definizioni di questi al lettore che non dovesse essere in possesso della conoscenza di questi.

[1] Serge Latouche: economista e filosofo francese (n. 1940), padre della teoria della decrescita felice

[2] NOx: sigla generica che identifica la totale parte degli ossidi di azoto

[3] TWh: unità di misura, indica la quantità di corrente consumata o accumulabile in una batteria. Esso è multiplo del più conosciuto kWh. 1 TWh = 1 miliardo di kWh.

[4] Loro Piana: casa di moda del lusso italiana, detiene la propria filiera interamente in Italia, seguendo standard di altissima artigianalità.

[5] AV: alta velocità, per l'Italia treni come ETR500, ETR1000 e AGV (rispettivamente Frecciarossa, Frecciarossa 1000, Italo)

[6] PM10: sigla che identifica una tipologia di particolato di dimensioni vicine ai 10 micron (ovvero 10 millesimi di millimetro)

[7] PM2.5: sigla che identifica una tipologia di particolato di dimensioni vicine ai 2,5 micron (ovvero 2,5 millesimi di millimetro); si presenta come estremamente più pericoloso del PM10 poiché, date le sue dimensioni estremamente contenute, è in grado di penetrare negli alveoli polmonari con eventuale diffusione nel sangue

[8] B2C: Business to consumer, attività tipiche di un'impresa che si relaziona direttamente con il consumatore finale

[9] Bretton Woods: città americana nella quale sono stati firmati gli accordi omonimi, essi sanciscono delle regole fondamentali riguardanti le relazioni economiche e commerciali internazionali. La regola fondamentale dei patti obbligava le nazioni ad adottare delle politiche monetarie tese a stabilizzare l'andamento del tasso di cambio rispetto al dollaro, mettendo quest'ultimo in una posizione dominante rispetto alle altre valute

[10] Renminbi: valuta cinese, per consentire gli investimenti americani dagli anni '90 in poi la Cina convertì il dollaro in questa valuta per poter permettere agli statunitensi di spendere della liquidità in forma accettata e valida sul suolo di Pechino.

[11] Fattore critico di successo: in economia aziendale insieme delle caratteristiche critiche per il successo commerciale che il consumatore ricerca in quella tipologia di prodotto, sia esse estrinseche che intrinseche.

Indice

Pagina 2 - Premessa

Pagina 4 - Capitolo 1: Le "colpe" e il paradosso del pensiero dominante

Pagina 18 - Capitolo 2: Il falso sostenibile e l'insostenibile sostenibile

Pagina 31 - Capitolo 3: La "colpa" dell'occidente e quella del resto del mondo

Pagina 39 - Bibliografia & Glossario

www.ingramcontent.com/pod-product-compliance
Lightning Source LLC
Chambersburg PA
CBHW072026230526
45466CB00019B/835